AUTORES:

JOSÉ MARÍA CAÑIZARES MÁRQUEZ
CARMEN CARBONERO CELIS

COLECCIÓN: MANUALES PARA PADRES SOBRE ACTIVIDAD FÍSICA, SALUD Y EDUCACIÓN EN LOS NIÑ@S

CÓMO MEJORAR EL APRENDIZAJE MOTOR DE TU HIJO

COLECCIÓN MANUALES PARA PADRES SOBRE ACTIVIDAD FÍSICA, SALUD, Y EDUCACIÓN EN LOS NIÑ@S

CÓMO MEJORAR EL APRENDIZAJE MOTOR DE TU HIJO.

AUTORES

José Mª Cañizares Márquez

- Catedrático de Educación Física
- Tutor del Módulo del Practicum del Master de Secundaria
- Especialista en preparación de opositores
- Autor de numerosas obras sobre Educación y Preparación Física

Carmen Carbonero Celis

- D. E. A. en Instituciones Educativas
- Licenciada en Pedagogía
- Maestra de Primaria y Secundaria en centros de Educación Compensatoria
- Didacta presencial del Módulo de Pedagogía General en el CAP
- Profesora de Pedagogía Terapéutica en Centro Educación Primaria

Título: CÓMO MEJORAR EL APRENDIZAJE MOTOR DE TU HIJO

Autores: José Mª Cañizares Márquez y Carmen Carbonero Celis
Editorial: WANCEULEN EDITORIAL

Sello Editorial: WM EDICIONES

Dirección Web: www.wanceuleneditorial.com, www.wanceulen.com,

Email: info@wanceuleneditorial.com

I.S.B.N. (PAPEL): 978-84-9993-561-4

I.S.B.N. (EBOOK): 978-84-9993-585-0

©Copyright: WANCEULEN S.L.

Primera Edición: Año 2017

Impreso en España

WANCEULEN S.L. C/ Cristo del Desamparo y Abandono, 56   41006 SEVILLA

Reservados todos los derechos. Queda prohibido reproducir, almacenar en sistemas de recuperación de la información y transmitir parte alguna de esta publicación, cualquiera que sea el medio empleado (electrónico, mecánico, fotocopia, impresión, grabación, etc), sin el permiso de los titulares de los derechos de propiedad intelectual. Cualquier forma de reproducción, distribución, comunicación pública o transformación de esta obra solo puede ser realizada con la autorización de sus titulares, salvo excepción prevista por la ley. Diríjase a CEDRO (Centro Español de Derechos Reprográficos, www.cedro.org) si necesita fotocopiar o escanear algún fragmento de esta obra.

ÍNDICE

INTRODUCCIÓN 7

1. EL APRENDIZAJE MOTOR. 9

    1.1. Definiciones. 9

    1.2. Principios. 10

    1.3. Clases de aprendizaje motor. 11

    1.4. Medición del aprendizaje. 12

2. PRINCIPALES MODELOS EXPLICATIVOS DEL APRENDIZAJE MOTOR. 13

    2.1. Teorías sobre el aprendizaje motor. 13

    2.2. Modelos teóricos explicativos sobre el aprendizaje motor. 16

3. EL PROCESO DE ENSEÑANZA Y DE APRENDIZAJE MOTOR. 23

4. MECANISMOS Y FACTORES QUE INTERVIENEN. 25

CONCLUSIONES 26

BIBLIOGRAFÍA 26

WEBGRAFÍA 29

INTRODUCCIÓN

El aprendizaje motor, como área de estudio e investigación, ha sufrido en los últimos 50 años una transformación radical (Ruiz y colls., 2001). En Andalucía, destacan los trabajos de Oña y colaboradores.

En este tipo de aprendizaje lo más importante son los **movimientos** corporales. Así, por ejemplo, al efectuar un lanzamiento con el pie, lo más significativo es la acción del miembro inferior. Pero, si prestamos atención, apreciaremos que el móvil debe dirigirse a un lugar determinado y en un momento preciso, lo cual implica otros procesos, como son los perceptivos, de control, etc. Esto ha hecho que podamos encontrar, refiriéndose al aprendizaje motor, términos como aprendizaje perceptivomotor, sensitivomotor, psicomotor y control motor (Gutiérrez, 2004). Aquí, utilizaremos el término **aprendizaje motor** con la intención de referirnos a todo ese proceso.

Debemos realizar un tipo basado en los conocimientos previos del alumnado, que sea **constructivo** y **significativo**, que se integre en las estructuras previas existentes y que, además, sea **funcional**, es decir, que lo pueda aplicar también fuera del contexto escolar, a situaciones de la vida cotidiana (O. 17/03/2015). No podemos olvidar el aprendizaje cooperativo, es decir, aquel que se basa en el grupo y en la interacción entre sus componentes.

En Primaria los aprendizajes de las habilidades motrices se deben efectuar en un ambiente lúdico y adecuado a la evolución de los intereses del alumnado.

A lo largo del Tema iremos viendo diversas **teorías y modelos**, los más **conocidos** ya que si no se nos haría interminable, que explican los procesos que rigen la adquisición y modificación de las habilidades motrices (aprendizaje motor).

Por último trataremos el proceso que sigue todo aprendizaje, así como muchos de los elementos y agentes que influyen.

1. EL APRENDIZAJE MOTOR.

Lo que enseñamos en el aprendizaje motor son **secuencias** de acciones musculares hechas con alto grado de competencia. Este proceso no es muscular, sino **neural** ya que los músculos son meros ejecutores de órdenes emanadas del cerebro y es allí donde se produce el aprendizaje (Guillén, Carrió y Fernández, 2002).

Las escuelas psicológicas y pedagógicas han definido el fenómeno del aprendizaje destacando los **cambios** y transformaciones que se producen en las personas por el hecho de practicar.

Después de una actividad motivada y de una experiencia significativa, el escolar es capaz de modificar sus respuestas ante diferentes situaciones. La mayoría de estos cambios llegan a ser relativamente permanentes, ya sea en términos de la naturaleza de la respuesta o lo que es más probable, en el aprendizaje de las habilidades motrices.

De hecho, Ruiz y otros (2001) entienden al aprendizaje motor como un proceso de obtención, mejora y automatización de habilidades motrices como resultado de la repetición de la secuencia motriz.

Es necesario diferenciar el cambio producido por el aprendizaje de los originados por el crecimiento o al contrario, por los deterioros de la senectud. Tampoco se consideran aprendizajes las ejecuciones debidas al azar.

1.1. DEFINICIONES.

Citamos una serie de definiciones de autores más significativos. Las hay que se basan en el **proceso** y otras en el **producto**.

- *"Proceso a través del cual el comportamiento motriz relevante, la conducta es alterada o desarrollada por medio de la práctica y la experiencia"* (Oxendine, 1970).

- *"Es un conjunto de procesos asociados a la práctica o experiencia tendentes a provocar cambios relativamente permanentes en el comportamiento"* (Schmidt, 1982).

- *"Es un cambio relativamente permanente producido por el entrenamiento y la experiencia"* (Lawther, 1983).

- *"Estudio de los factores internos y externos que influyen en la adquisición de movimientos coordinados (atención, memoria, organización de las recepciones, tiempo de reacción, transferencia, etc.)"* (Rigal, 2006).

En **resumen**, se puede definir el aprendizaje como *"un cambio relativamente estable y duradero del comportamiento, como resultado del entrenamiento y la experiencia (Gutiérrez, 2004)".*

Por otro lado, Riera (1989), dentro de una línea ecológica, entiende que el aprendizaje se realiza por el establecimiento de nuevas y estables relaciones del individuo con el entorno.

El alumnado participa de diferentes **entornos** sociales los cuales le proporcionan una gran variedad de **experiencias**. Familia, amigos, la escuela, los medios de comunicación, etc. constituyen contextos desde los cuales **adquiere sus**

conocimientos sobre la realidad social y natural. De este modo, el alumnado antes de iniciar un aprendizaje ya tiene un bagaje o ideas previas que le sirve para relacionar el aprendizaje que pretendemos. Un ejemplo es el juego popular (Paredes, 2003).

1.2. PRINCIPIOS.

Gutiérrez (2004), citando a Sánchez Bañuelos (1992), destaca una serie de principios o leyes a tener en cuenta y que son de **obligado** cumplimiento si queremos tener éxito:

a) Principio de la práctica.

Las repeticiones sucesivas y bien hechas de la destreza hacen que en ésta se adquiera mayor estabilidad, pero además hacen que pueda ser retenida por más tiempo. Muy unido al principio de retención habida cuenta que la práctica bien realizada provoca la conservación de la habilidad largo tiempo. Por ejemplo, aprender a montar en bicicleta.

b) Principio de retención.

No se puede decir que una destreza ha sido aprendida si no está **almacenada** (*engrama motor*) en la memoria. Muchas repeticiones de la destreza -siempre bien hecha- mejora su retención (Singer, 1986). También depende de su significatividad y funcionalidad.

c) Principio de refuerzo.

Para que una ejecución se aprenda debe ser **reforzada**, esto es, **reconocida** y animada por el docente, aunque a veces se unen los compañeros. Si tras una ejecución trabajada el sujeto recibe un **premio**, tratará de repetirla otra vez. Por el contrario, con un "castigo", tratará de evitarla.

Los refuerzos pueden ser positivos o negativos. Refuerzo **positivo** es la aparición de un estímulo deseado con la intención de reafirmar la ejecución correcta. Refuerzo **negativo** es la desaparición de un estímulo deseado con la intención de reafirmar la ejecución correcta.

d) Principio de transferencia.

Las destrezas motrices que se aprenden nunca son totalmente **nuevas**, ya que se basan en actividades motrices **previamente** conocidas que pueden favorecer o entorpecer el aprendizaje. Transferencia, pues, es la transmisión de los aprendizajes anteriores hacia los siguientes.

Tradicionalmente se entiende que la transferencia puede ser **positiva**, **negativa** o **neutra**. Aunque hay multitud de variantes, vemos las más conocidas.

- **Positiva**. Cuando un aprendizaje previo **favorece** el posterior, por ejemplo practicar el bote con una pelota de goma en 1º de Primaria beneficia al aprendizaje del dribling en Mini Basket en 6º.
- **Negativa**. Cuando el aprendizaje a realizar **interfiere** con una segunda tarea. Por ejemplo, practicar bádminton y tenis. Los desplazamientos son **opuestos**, los implementos distintos, lo mismo que la técnica de golpeo, etc.
- **Neutra**. El aprendizaje de una habilidad **no interfiere** en el de otra. Por ejemplo, si

enseñamos bádminton y ajedrez en el mismo día.

Las anteriores, a su vez, pueden ser (Ruiz Pérez, 1994 y Parlebas, 2001): **proactivas**, cuando modifican la realización de una actividad nueva, o **retroactivas**, cuando modifican la realización de una actividad aprendida anteriormente. Parlebas (2001), entiende que la proactiva es más habitual en la Educación Física escolar y la retroactiva del entrenamiento deportivo

Sánchez Bañuelos (1992), citando a Gagné (1975), establece las de tipo:

- **Vertical**. Cuando los aprendizajes captados anteriormente son de utilidad a otros posteriores, similares, aunque más complejos. Por ejemplo, el dominio de la habilidad motriz del salto en 2ª de Primaria, le es muy útil al escolar si más adelante entrena a Baloncesto.
- **Horizontal** o **Lateral**. Cuando el alumno es capaz de realizar una destreza similar y de igual nivel de complejidad como consecuencia de haber aprendido otra anteriormente. Por ejemplo, tras dominar el patinaje en hielo, el escolar aprende patinaje "in line".

No obstante lo anterior, matizamos que otros autores - Ellis, Singer, etc.- distinguen **más tipos** de transferencias (Fernández -coord.-, 2002).

1.3. CLASES DE APRENDIZAJE MOTOR.

El aprendizaje motor se produce por la ejecución de las destrezas y éstas pueden ser alcanzadas por cuatro procedimientos: **imitación**; **transmisión** de información verbal; **descubrimiento** y **multimedia** que engloba a las anteriores.

- **Aprendizaje por imitación o modelaje (aprendizaje vicario)**.

Una de las vías habituales en la iniciación al juego es seguir, vía visual, el de los mayores, a los compañeros o a personas (deportistas) que son destacables para nosotros. Es muy habitual, aunque no debería ser así, que el docente realice el gesto, juego, etc. y que el grupo lo imite para practicarlo.

- **Aprendizaje por transmisión de información verbal**.

Sobre todo se da en casos de conocimientos de resultado. Suele ser complemento al visual o al de descubrimiento. El alumnado de primaria suele atender a pocas consignas verbales.

- **Aprendizaje por descubrimiento**.

Es un tipo de aprendizaje donde el chico o chica, en lugar de recibir los contenidos de forma pasiva o directa por nuestra parte, descubre los conceptos y sus relaciones y los reordena para transformarlos a su mapa cognitivo. La enseñanza por descubrimiento coloca en primer plano el desarrollo de las destrezas de investigación del escolar y se basa principalmente en la inducción y en la resolución de los problemas.

Así pues, tras dotar al alumnado de una serie de patrones básicos de movimiento, vamos dando propuestas con indicios y pautas del nuevo aprendizaje para que el escolar responda a las nuevas situaciones que puedan darse en el juego creando las respuestas. Debe ser significativo, que el alumno sea consciente de su importancia. Por ejemplo, ¿cómo puedes trasladarte con tres apoyos?, ¿cómo eres capaz de botar para que el contrario no te quite la pelota?

Es el que **debemos seguir** si realmente deseamos que el grupo elabore respuestas, practique estrategias creativas, ponga en funcionamiento sus capacidades cognitivas, etc.

- **Holístico o multimedia**

Lo denominamos así porque **integra**, en mayor o menor medida, a los anteriores. Se produce cuando realizamos una instrucción con ayuda de **recursos multimedia**, como las Webquest y otras herramientas y aplicaciones (**App**), tales son las "plataformas de aprendizaje", como Moodle, Tiching, Kahoot, etc. Por ejemplo, para tratar el aprendizaje del calentamiento, enviamos al alumnado una Webquest para resolver esta temática a base de **investigar** a través de los **enlaces** remitidos. En ellos podemos incluir virtuales con textos y gráficos sobre las ventajas de hacer el calentamiento de forma adecuada y metódica, vínculos a vídeos donde alguien, como un conocido entrenador o deportista, muestra los aspectos más importantes sobre la forma de hacerlo, enlaces a determinadas webs previamente testeadas por nosotros donde hay información relevante sobre los posibles problemas por no realizarlo bien. Es decir, que el alumno/a recibe informaciones que le motivan al **descubrimiento**, otras **auditivas** y unas terceras de índole **visual** para que imite las acciones y consiga realizar y concienciarse de cómo y para qué hacer bien el calentamiento (Cañizares y Carbonero, 2009).

Además, esta clase de aprendizaje nos facilita que éste se realice teniendo como base una estructura metodológica **cooperativa** donde, a través de la resolución conjunta de las tareas, los miembros del grupo conozcan las estrategias utilizadas por los demás y puedan aplicarlas a situaciones similares (O. ECD/65/2015).

1.4. MEDICIÓN DEL APRENDIZAJE.

Siguiendo a Gutiérrez (2004) y Rigal (2006), destacamos a:

- **Test**.- Es una realización **estandarizada**. Se trata de poner al testeado en una situación de ejecución límite, de alcanzar su máximo. Pueden ser de tipo físico, que aplicaríamos a modo de "control" de la condición física para detectar cualquier irregularidad, preferentemente al final de la Etapa, como el test de Detente. También pueden ser de naturaleza antropométrica, como la medición de la estatura, peso, envergadura, etc. Con los test pretendemos **comparar** los resultados que obtienen unos alumnos con otros.

- **Prueba**.- Genéricamente designa a un conjunto de actividades características de una **edad** dada. Permite determinar el avance o el retroceso psicomotor de un individuo según triunfe o fracase en la prueba situada antes o después de su edad cronológica. Por ejemplo, la prueba de orientación, derecha-izquierda de Piaget-Head.

- **Balance**.- Engloba a un **conjunto** de **pruebas** utilizadas para determinar el máximo desarrollo alcanzado en todo un grupo de habilidades perceptivo-motrices. Por ejemplo, el balance psicomotor de Vayer.

- **Batería**.- Designa un **conjunto** de **test** utilizados para medir varios aspectos. Por ejemplo, la batería Eurofit.

- **Escala de Desarrollo**.- Aglutina a un **conjunto de pruebas** muy diversas y de dificultad graduada para medir minuciosamente diferentes sectores del desarrollo. Su aplicación a un sujeto permite evaluar su nivel de desarrollo motor. Por ejemplo, Escala de Desarrollo de Gesell, Brunet-Lèzinei.

Aunque presenta **similitudes** con el Balance, la Escala es una comparación con una edad y el Balance, no.

- **Perfil psicomotor**.- Consiste en una **reproducción gráfica** de resultados obtenidos en varios test. Por ejemplo, el Perfil psicomotor de Vayer.

Todos estos medios deben cumplir una serie de criterios como fiabilidad, validez, discriminación o sensibilidad, objetividad, economía, etc. (Oña, 2005).

Las mediciones de los distintos aprendizajes se plasman en una cuadrícula con un eje de ordenadas. De ahí surgen las conocidas "**curvas de aprendizaje**" y que son los *gráficos que se emplean para representar los datos obtenidos en la evolución del aprendizaje* (Gutiérrez, 2004).

2. PRINCIPALES MODELOS EXPLICATIVOS DEL APRENDIZAJE MOTOR.

Las **teorías** son hipótesis más generales a diferencia de los **modelos** que son más simples y específicos. Hoy día las teorías más aceptadas, desde el punto de vista educativo, son las que establecen el carácter **procesual y constructivo** del aprendizaje y desarrollo motor. Esto conlleva la superación de las posiciones **innatistas** -que los atribuyen a la herencia- y de las posiciones **ambientalistas** -que los explican en función del medio exclusivamente-, pues el mecanismo por el que se van construyendo progresivamente ambos procesos es el de la **interacción** del sujeto con su entorno (Gutiérrez, 2004).

En cualquier caso, el D. 328/2010, de 13 de julio, por el que se aprueba el Reglamento Orgánico de las escuelas infantiles de segundo grado, de los colegios de educación primaria, de los colegios de educación infantil y primaria, y de los centros públicos específicos de educación especial, BOJA nº 139, de 16/07/2010, indica en su artículo 8 sobre los **derechos del profesorado** que puede "emplear los **métodos de enseñanza y aprendizaje** que considere más **adecuados** al nivel de desarrollo, aptitudes y capacidades del alumnado, de conformidad con lo establecido en el proyecto educativo del centro".

2.1. TEORÍAS SOBRE EL APRENDIZAJE MOTOR.

La totalidad de este punto está resumido de Sánchez Bañuelos (1992), Ruiz Pérez (1994), Ballesteros (1996), Montero (1997), Oña -coor-. (1999), Rojas (2000), Galera (2001), Sáenz-López (2002), Fernández -coord.- (2002), Rivadeneyra -coor- (2003), Castejón -coord.- (2003), Gutiérrez (2004), Riera (2005), Oña (2005) y Gallardo y Camacho (2008).

Ahora vemos las teorías y modelos más conocidos, así como los más vanguardistas. En este cuadro los resumimos.

TEORÍA-MODELO	RASGOS-ÉNFASIS. AUTORES.
T. Conductista	Estímulo-respuesta. Valora el resultado. Watson, Thorndike, Skinner.
T. Cognitivistas	Cogniciones. Valora proceso. Ensayo-error. Vygotski, Piaget, Crowder.
M. Procesamiento I.	Tratamiento de la información, su recorrido y aprovechamiento. Welford, Marteniuk.
M. Cibernético	Feedback. Conocimiento de resultados. Wiener, Fytts, Simonet.
M. Constructivista y A. Significativo	Todo aprendizaje se construye a partir de otro anterior. Vínculos entre los conocimientos que ya posee y los que incorpora. Piaget, Vygotski, Ausubel.
M. Estructuralista	Relación entre las estructuras coordinativas, cognitivas, etc. del ser humano. Saussure, Kohler, Seirul.lo.
M. Cooperativo	Trabajo conjunto. Todo el grupo es un engranaje. Hermanos Jonhson.
M. Aprendizaje social	Importancia de observar e imitar la conducta de los demás compañeros. Bandura.

Riera (1989), destaca que los inicios del aprendizaje motor están en las aportaciones del astrónomo Bessel a finales del siglo XIX. A los pocos años, Lastrow se interesa pero con un enfoque hacia la producción industrial. Le siguieron Bryan y Harter sobre el ámbito de los trabajadores de telégrafos. A principios del siglo XX se inicia con intensidad la investigación.

Históricamente podemos destacar, de forma muy resumida, a dos grandes corrientes:

- **Conductismo (Behaviorismo o Asociacionismo)**. Tienen su esplendor, sobre todo, en la primera mitad del siglo XX. Lleva a cabo el esquema de **asociación** entre "**estímulo-respuesta**" y se investiga a través de la inteligencia animal en laboratorio. Da lugar a una metodología **conductista** o deductiva (Zagalaz, Cachón y Lara, 2014).

- La "**Corriente Cognitiva**". A partir de 1960. Reacción contra los conductistas o conexionistas. El interés de los investigadores se centra no tanto en los mecanismos como en las **estrategias** implicadas en la adquisición de las habilidades y destrezas motrices. Esta teoría se **desglosa** en multitud de **modelos** más concretos que enfatizan el aprendizaje en líneas muy precisas, como veremos más adelante. Da lugar a una metodología **constructivista** o inductiva (Zagalaz, Cachón y Lara, 2014).

- La "**Corriente Biomecánica o Kinesiológica**". Si bien sus inicios podemos encontrarlos hacia 1950, es a partir de la década de los 70 cuando cobra importancia y ésta hoy es imprescindible en el entrenamiento de elite. Las habilidades deportivas se estudian individualmente con ayuda de ordenadores y grabaciones en video con sensores distribuidos a lo largo del cuerpo para evaluar cómo es la "gestoforma" deportiva ideal para un deportista en concreto en función de sus parámetros físicos. Estos análisis biomecánicos aplican técnicas de **Ingeniería Mecánica**. Lógicamente, es inaplicable al ámbito educativo.

a) **Teoría Conductista o Asociacionista**.

Fue la primera formulada por los psicólogos a principios del siglo XX, (Watson y Thorndike), y centra su interés en la **conducta** evidente. Los autores se interesaron en la **asociación de respuestas** predecibles ante un determinado estímulo. De naturaleza **mecánica**, no le da importancia al proceso ni a las diferencias individuales. Los contenidos no son adaptados ni reorganizados con respecto a los conocimientos previos que tiene el alumno, sino que éste los asimila directamente para hacerlos suyos. El "**condicionamiento clásico**", o proceso de aprendizaje, se basa en la relación que estableció Paulov entre estímulo y respuesta y que ignoraba cualquier intervención cognitiva.

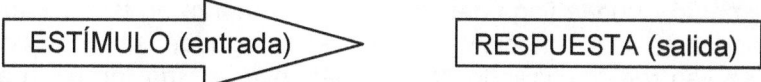

En Educación Física su dominio ha sido grande. El docente, cuando tradicionalmente daba la **orden** (voz, pitido) esperaba la **respuesta** de los alumnos de forma simultánea, con la idea que desarrollasen habilidades similares a las mostradas previamente por él. Es típico de la enseñanza masiva.

Skinner es el precursor del "**condicionamiento operante**" y sostiene que el **refuerzo** es elemento fundamental para el control de la conducta. De este modo, las **conductas** "**premiadas**" tienden a **repetirse** y las que obtienen "castigo" a **desaparecer**, centrando su atención en el **resultado**.

Gráfico: *Programa lineal de Skinner: aprendizaje sin error.*

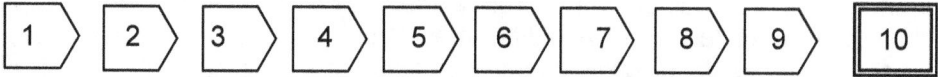

Skinner (1960), establece la secuencia de los marcos para asegurar que casi no se presenten errores en las respuestas del alumno. Todos deben pasar por la misma secuencia, con objetivos muy precisos y encadenados. Un ejemplo aplicado es la enseñanza del pase "clásico" de Balonmano dando los tres pasos reglamentarios. Se analiza en cuatro fases, automatizando cada una de ellas antes de pasar a la posterior: pase estático, con uno, con dos y con tres pasos.

Navarro (2007), indica que en los comienzos de la década de los 80 del pasado siglo, el contexto pedagógico de la Educación Física en España era neoconductista, lo cual se plasmó en lo que se denominó la "enseñanza programada". Cuando esta tendencia inició su declive, aparecieron los "programas renovados", para asentar los desarrollos curriculares de las programaciones de aula de las áreas. "*La Reforma previa a la LOGSE cambió el paradigma de pedagogía conductista por el constructivista*" (Navarro, 2007).

b) **Teoría Cognitivista**.

El aprendizaje no se produce solo por estímulos exteriores, por respuestas mecánicas o por el despliegue de un programa genético innato. Lo más importante es lo que pasa en el interior del alumno: los **procesos cognitivos**, representaciones internas, ideas o razonamientos. Ante un estímulo no todos responden igual porque los "**mapas cognitivos**" son diferentes. **Piaget** (1976), indica que todo el proceso de aprendizaje conlleva otro de maduración del sistema nervioso y así se va organizando este mapa. Esta **maduración** psíquica y física es el **aprendizaje**.

Vygotski entiende que la construcción del conocimiento tiene un carácter social en el sentido que los procesos comunicativos son fundamentales para el desarrollo intelectual, entre otros. Por tanto, los mecanismos de interacción que se producen en el aula van en una doble dirección: docente/alumno y entre el propio alumnado.

El cognitivismo está muy vinculado a la corriente de la **Gestal** y propone una enseñanza basada en la **resolución de problemas** mediante el "**Ensayo-Error**", formulado por **Thorndike**, centrando su atención en el **proceso** porque considera que el **error** también **educa** y además hace a los individuos más adaptativos (Contreras y García, 2011). La clave está en el modo en que cada alumno interpreta y valora la **información** que le llega del exterior, en la fuerza de la conexión entre el estímulo y su respuesta. Los conocimientos no son agregados, sino que constituyen **esquemas** que se van reestructurando, transformándose, en función de la actividad constructiva del sujeto que aprende.

La **percepción del medio** que rodea al alumno, ya desde muy pequeño, le ayuda a construir esquemas mentales de su entorno más inmediato, su exploración será posible gracias al desarrollo del movimiento y conllevará la adquisición de capacidades que darán lugar al **desarrollo cognitivo** (Tamarit, 2016).

Para mejorar el nivel de adaptación a los alumnos, Norman **Crowder** (1962) introdujo una serie de innovaciones que se conocen con el nombre de "**Programación Ramificada**". Cuestionó a Skinner y su programa lineal porque consideró que los errores en las respuestas, además de que eran inevitables, podrían ser útiles. En la programación ramificada se daba retroalimentación tanto para las respuestas correctas como para las erróneas (diferente retroalimentación en cada caso). Esto permitía tomar en cuenta los distintos aprendizajes previos de cada alumno. El escolar realiza sucesivas aproximaciones hasta que se produce la conducta correcta.

Gráfico: *Programa de ramificación múltiple de Crowder*

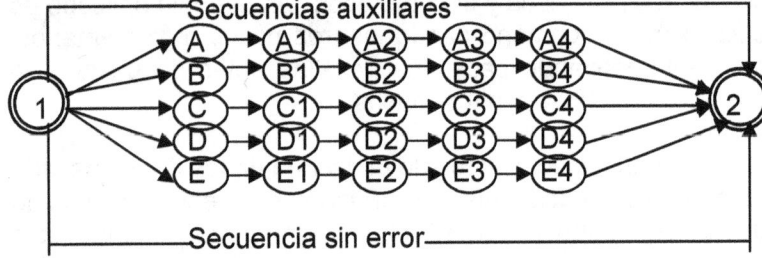

Por ejemplo, en el cambio de mano y dirección en Mini-Basket, en función de la respuesta dada por cada alumno, el maestro dará más o menos retroalimentación.

2.2. MODELOS TEÓRICOS EXPLICATIVOS DEL APRENDIZAJE MOTOR.

Riera (1989), **clasifica** los modelos en tres grupos: **físicos**, **biológicos** y **psicológicos**, al mismo tiempo manifiesta que en su mayoría parten de presupuestos psicológicos, que los lazos entre ellos son numerosos y que la forma de exponerlos, de forma separada, es simplemente una estrategia metodológica.

- **M. Físicos**. Fundamentados en leyes mecánicas, dinámica y cinemática. "El ser humano está compuesto por un conjunto de articulaciones y segmentos que cumplen con estos principios". Por ejemplo, la biomecánica explica el aprendizaje motor a través de las palancas que establecen huesos y músculos.

- **M. Biológicos**. Compuestos por los de tipo antropométricos, evolutivos y energéticos, que consideran al ser humano desde una perspectiva biológica, subrayando sus aspectos funcionales y estructurales. Por ejemplo, el modelo anatómico se usa en ergonomía (cómo diseñar el lugar de trabajo del operario con el fin de evitar problemas de salud y aumentar su eficiencia).

- **M. Psicológicos**. Emanan de la teoría **Cognitivista** y hacen más hincapié en determinados aspectos: **feedback**, **información**, **significancia** de la nueva tarea, etc. En todos ellos el alumnado es un sujeto "**activo**", que tiene que pensar y reestructurar sus esquemas de conocimiento, bien modificando el existente, bien incorporando otros nuevos. Además deben ser funcionales, es decir, aplicables a otros contextos concretos y transferibles a situaciones nuevas de la vida, cosa que no ocurre con la teoría Conexionista o Asociacionista, donde el aprendiz es un mero **repetidor** de las directrices -exactas- que le dicta el maestro, con objeto de conseguir un aprendizaje rápido, aunque mecánico, aburrido y repetitivo.

Los numerosos **modelos parten del cognitivismo** y, aunque sus **diferencias son pocas**, tratan de hallar unas explicaciones que reconozca la comunidad científica. Si bien existen muchas variantes, nos **centramos** en los más **importantes**:

a) **Modelo del Procesamiento de la Información.**

Este modelo entiende al **alumno** es un procesador de información. Es decir, recibe los estímulos que le presenta el medio, los procesa y da una respuesta que se puede convertir en una nueva información a procesar. La dificultad a encontrar por el alumnado al realizar un aprendizaje motor va a estar relacionada con la cantidad y tipo de información que requiera dicho aprendizaje en su realización.

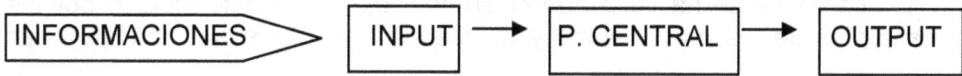

Como vemos en el gráfico, lo importante es la **evolución** que tiene la **información** (conocimiento) desde su captación por el sujeto (Input) hasta la creación de la respuesta (Ouput).

En este modelo es preciso saber que **información** es la cantidad de estímulos que llegan al alumno una vez que se han perdido parte de ellos por diversos motivos. También que "*es la cantidad de incertidumbre que se pierde o reduce cuando recibimos una señal*" (Sánchez Bañuelos, 1992). Los procesos del **tratamiento** de la información se realizan en **serie**, uno tras otro.

El **recorrido** de la información es tratado por diferentes autores. Entre los más conocidos podemos señalar a Welford y Marteniuk:

- **Modelo de Welford** (1976). Entiende el aprendizaje de la habilidad motriz, en sus aspectos funcionales, como un sistema de procesamiento de la información. Tienen un papel destacado **cuatro circuitos de feedback**, que retroalimentan al ejecutante y facilitan el control de la acción. Éstos, son:
    o **Decisión-memoria**. El alumno, antes de responder, evoca a sus experiencias pasadas.
    o **Control neuromuscular**. Por parte del S.N.C.
    o **Conocimiento de la ejecución**. Es el feedback interno. Sirve, sobre todo, para el control de las habilidades de tipo continuo, como marcha, natación, carrera, etc.

o **Conocimiento de los resultados**. Es el feedback externo. El individuo coteja si el objetivo y el resultado obtenido coinciden.

- **Modelo de Marteniuk** (1976). En este modelo la ejecución motriz está basada fundamentalmente en tres **mecanismos** que se desencadenan de forma secuencial. A diferencia de Welford, distingue **dos circuitos de feedback**: interno y externo.

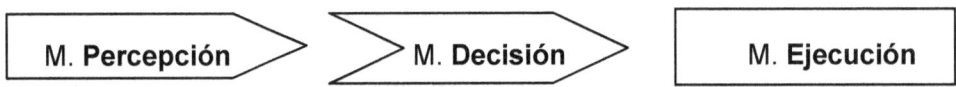

Como podemos observar, el modelo de Welford fue simplificado por Marteniuk, que sintetizó el complejo proceso sensomotor en los tres mecanismos básicos vistos (Galera, 2001).

b) Modelo Cibernético.

Wiener (1948), es considerado como el "padre" de la Cibernética, que la definió como la "ciencia que estudia los procesos de control en las máquinas y en los organismos vivos", aunque también como ciencia de sistemas **autorregulados**. Considera al individuo como un ordenador con memoria a corto (R.A.M.) y largo plazo (disco duro).

Este modelo refleja una consideración de **servomecanismo** o circuito cerrado en la actuación. En el caso que la realización haya terminado, la información de la realimentación se puede almacenar en la memoria para su futuro empleo.

Con la cibernética se ha visto que el aprendizaje viene determinado por los efectos **sensoriales** de los movimientos y de los estímulos que acompañan a las respuestas.

Por lo tanto, el modelo **cibernético** va unido al principio de **feedback** (retroalimentación de la información), el cual según Sage (1984), es *"la información que un individuo recibe como resultado de alguna respuesta"*.

El ser humano es un sistema capaz de utilizar diversos tipos de feedback. Esta acepción es la más primaria en la bibliografía especializada. A partir de los trabajos de Biladau (1961), Fytts (1964), Simonet (1985), Ruiz Pérez (1994) y otros se acuñó el término **conocimiento de resultados**. Hoy día éste es el más usado, entre otras cosas porque existen muchas variantes y estudios de autores. En ello ha influido decisivamente la importancia de las grandes competiciones deportivas, que han acrecentado el interés por la iniciación y el perfeccionamiento de las habilidades deportivas, corrección del gesto, etc.

Tradicionalmente, en el feedback se distinguen dos modalidades:

- **Intrínseco. Conocimiento de la ejecución** que el sujeto capta como consecuencia inherente a la respuesta. El niño cuando anda por encima de una barra de equilibrio está constantemente recibiendo información o **conocimiento** sobre la **ejecución** de la habilidad, para reajustar sus respuestas si así fuera necesario.

- **Extrínseco o aumentado.** Cuando el intrínseco no es suficiente, es necesario aportar al practicante una orientación externa (profesor, vídeo, ordenador...), para poder reajustar o estabilizar sus respuestas. Cuando se trata de una grabación en vídeo hablamos de una **autoscopia**. Un feedback extrínseco es el **biofeedback**, por el cual el deportista recibe información de las constantes biológicas de su organismo durante el proceso de realización de determinadas pruebas. Por ejemplo, al corren sobre la cinta rodante, los datos sobre frecuencia cardiaca que marca la pantalla de control.

Ruiz Pérez (1994), citando a Magill (1986), establece el Conocimiento de Resultados como "*una información que el profesor da al alumno sobre los **resultados** de su respuesta y debe ir en la línea del **refuerzo***". "*En la práctica, proporcionar conocimiento de resultado es lo mismo que dar feedback*" (Gil, 2007).

En cuanto a los **tipos** de C. de R. podemos establecer cuatro grupos (Calderón y Palao, 2009):

- **Por el momento de dar la información**. Por ejemplo, **concurrente** si damos información durante la ejecución o **terminal** si la damos al finalizar la actividad.

- **Por la dirección de la información**. Según el número de personas que tienen acceso a la información. Puede ser **individual** o **grupal**.

- **Por la forma de expresar la información**. Podemos dar información de modo **verbal, visual, kinestésico-táctil** y sus combinaciones. Últimamente hay cierta tendencia a la **autoscopia**, que es la auto-observación en video, pero debemos andar con **cautela** por ser menores edad.

- **Por la intención del profesorado al proporcionar la información**. Son muchas las variantes. Destacamos a los tipos **evaluativo**, cuando emitimos un juicio de valor: "está bien"; **descriptivo** cuando narramos los movimientos realizados insistiendo en los gestos mal efectuados: "el salto ha sido demasiado vertical". El **interrogativo** es muy interesante porque preguntamos al alumno sobre la ejecución para que busque sus errores y los corrija, por ejemplo, "¿cómo llevabas el codo al lanzar?".

Díaz (2005), basándose en varios autores, establece siete grupos desgranando la propuesta de Sáenz López (2002): por su procedencia, dirección, objetivo, tipo, forma, momento y a quién va dirigido.

Dentro del modelo Cibernético destacamos a dos autores: **Adams** y **Keele**.

- **Modelo de Adams: Circuito Cerrado** (1971).

También conocido como "Teoría del Bucle o Circuito Cerrado", de Jack Adams, es propia de habilidades motrices continuas, como botar o conducir un balón (Batalla, 2005). El proceso de información es de tipo repetido y el individuo actuará de acuerdo a ello. La información se da y utiliza momento a momento. Para Adams existen dos fases en el proceso de aprendizaje:

    o **Fase Verbal** (decimos la habilidad a realizar y cómo hay que hacerla).

    o **Fase Motriz** (es la realización práctica de la habilidad descrita antes).

- **Modelo de Keele: Programa Motor** (1982).

También es conocida como "Teoría del Esquema o de Control Motor en Bucle Abierto" (Batalla, 2005). Keele, aunque también **Schmidt**, Rogers y Henry, no distingue fases ya que el principiante parte con una idea o "programa motor inicial" que, tras realizarlo en su totalidad, comprueba si ha tenido éxito o no en la actuación. En caso negativo, crea un "programa motor modificado o adaptado" para, posteriormente, realizar el gesto y volver a repetir...

Los aprendizajes promovidos en la etapa de primaria no deben centrarse en la adquisición de respuestas específicas, sino en el aprendizaje de **esquemas generales de acción** que, posteriormente cada alumno, los adapte y concrete ante la variedad de situaciones posibles (Rivadeneyra y Sicilia, 2004).

Los ejemplos están relacionados con las tareas motrices **discretas**: lanzamiento de peso, tiro de personal, tiro de puntería con carabina, dardos, etc.

c) Modelo constructivista y significativo.

El **constructivismo** lo inicia principalmente Piaget. Enfatiza que la adquisición de una habilidad no se produce desde la nada, sino que se cimienta a partir de adaptaciones, modificaciones y rectificaciones de habilidades ya **adquiridas** y que constituyen el repertorio motor del individuo, es decir, los *"mecanismos de asimilación y acomodación"*. Pero esta construcción **no** debe suponer un puro proceso **acumulativo** de informaciones y experiencias; la intervención del docente no se centra sólo en la presentación de estímulos informativos para unos nuevos aprendizajes, sino que implica procesos interactivos y dinámicos, con los que la mente interpreta y reinterpreta (ideas previas) la información externa y construye, a su vez, modelos explicativos cada vez más complejos y útiles.

Hay que promover el contraste entre los conocimientos por parte de los aprendices con el fin de propiciar la aparición de conflictos cognitivos. El alumnado debe **comprender** la situación-problema motor para ajustar su conducta. Por ejemplo, ante la pregunta de cómo puede pasar el balón al compañero sin que se lo quite el contrario, el individuo tendrá que averiguar la mejor forma de hacerlo a partir de experiencias anteriores.

El profesorado debe evaluar y verificar esta **situación de partida**, el nivel de desarrollo y los conocimientos previos del alumnado en este campo, ya que en algunos casos éstos no están bien asegurados, sobre todo si tenemos en cuenta la disparidad en el ritmo de maduración de los grupos de estas edades y la incidencia de factores socioambientales y biofisiológicos (Contreras y García, 2011).

La importancia del factor social entre las informaciones previas y las nuevas queda muy bien sintetizada en la noción de "**zona de desarrollo próximo**" y "**zona de desarrollo potencial**" (Vygotsky 1979 en Rigal 2006). Un alumno tiene un **nivel real** para solucionar un problema -motor en nuestro caso-; es su límite que sólo él por sí mismo puede lograr. Zona de **desarrollo potencial** es el límite de lo que puede aprender con ayuda del docente o compañeros de superior nivel. Zona de **desarrollo próximo** es la distancia entre el nivel real y el potencial. En nuestra área se realiza mucho a través de la aplicación del estilo de enseñanza del "Descubrimiento Guiado".

En la construcción del conocimiento hay que citar también a la "**Dificultad óptima**" (Famose en Oña 1999), que es *"aquella que se sitúa en un nivel tal, que los alumnos tengan la posibilidad de implicarse en ella de forma constante y con un buen porcentaje de éxito"*. Por ejemplo, la entrada a canasta en Mini-Basket "a aro pasado", se basa en la entrada estándar y normalmente representa una "dificultad óptima" para el practicante medio.

El aprendizaje **significativo** lo acuñó Ausubel (1976) como el **opuesto** al mecánico, repetitivo y acumulativo, porque este autor comparte la línea cognitivista. Ausubel, Novak y Hanesian (1983), también lo nombran como *"modelo de la asimilación"*, con el fin de resaltar la función interactiva que las estructuras cognoscitivas (contenidos y organización total de las ideas de la persona en un área concreta del conocimiento) existentes, desempeñan en el proceso del nuevo aprendizaje. Está referido a la posibilidad de establecer **vínculos** sustantivos ("*la inclusión*") y no arbitrarios entre lo que hay que aprender, el nuevo contenido, y lo que ya se sabe, lo que se encuentra en la estructura cognitiva de la persona que aprende, sus conocimientos **previos**.

El alumno reelabora, reinterpreta o mejora -progresiva construcción- de los esquemas de conocimiento disponibles. El docente por su parte, facilita las tareas de construcción del alumnado a partir de las intenciones educativas previstas.

Pero aprender significativamente es atribuir significado al material objeto de aprendizaje, dicha atribución sólo puede efectuarse a **partir de lo que ya se conoce**, generando una motivación, otorgándole **funcionalidad** mediante la actualización de los esquemas de conocimientos pertinentes para la situación que se trate. Por ejemplo, muchas de las situaciones de aprendizaje del juego deportivo, 2X2 y 3X3, se adecuan a estas circunstancias.

Estos esquemas no se limitan a asimilar la nueva información, sino que el aprendizaje significativo supone siempre su revisión, modificación y enriquecimiento estableciendo nuevas conexiones y relaciones entre ellos, con lo que se asegura la **funcionalidad** y **memorización comprensiva** de los contenidos aprendidos significativamente (Coll, 1989).

La **funcionalidad** busca que el aprendizaje no esté descontextualizado de la vida cotidiana del escolar, que sea adecuado a sus **intereses** y a lo que el escolar desea. Presupone la potencialidad del aprendizaje para solucionar problemas concretos en situaciones determinadas; además de ser factible la transferencia y utilidad de lo aprendido para acometer nuevas situaciones y lograr, así, nuevos aprendizajes. Por ejemplo, aprender juegos populares o deportivos para hacerlo en su tiempo libre y pasarlo bien con sus amigos. También existe significatividad cuando inculcamos a nuestras alumnas y alumnos la utilidad de las instalaciones del entorno para la continuidad de la práctica física en algún polideportivo.

No olvidemos que debemos tender a un tipo de enseñanza constructiva, significativa y funcional, conceptos muy **relacionados** entre ellos. O lo que es lo mismo, que el alumnado realice su aprendizaje basándose en otro previo, que le encuentre sentido y que le sea útil para su vida.

d) Modelo Estructuralista.

Los fundamentos del modelo estructuralista (Saussure, Kohler, Wertheimer, Koffka...) sirven para explicar, en una primera aproximación, las interrelaciones existentes entre los distintos factores internos que afectan a la ejecución de las habilidades técnicas. Cada uno de sus componentes, por el sólo hecho de pertenecer al conjunto de ellos, desarrolla ciertas interconexiones de tal manera que la modificación de uno solo transforma a los restantes. Se trata de descubrir y estudiar ese sistema relacional latente que ocasiona este tipo de comportamientos.

A nivel específico de la práctica deportiva, Seirul.lo (2001) es uno de los autores más importantes. Manifiesta que debemos construir preferentemente "**situaciones** de enseñanza/entrenamiento" que permitan altos niveles de **interacción** entre sus componentes. Por ejemplo, combinar las estructuras condicional (condición física), perceptiva, coordinativa, cognitiva, socio-afectiva, emotivo-volitiva y creativo-expresiva, así como su conexión con el medio. Todo ello está encajado de tal forma que sus componentes actúan **entre sí** y con el **medio,** por lo que el aprendizaje/entrenamiento se auto-organiza, se reequilibra, adquiriendo nuevas y diferentes cotas de autoestructuración. Hoy día, con la llamada "**preparación física integrada**", donde los jugadores practican la condición física y otros contenidos del entrenamiento a través de **situaciones globales de juego**, este modelo está de máxima actualidad. Por ejemplo, situaciones de juego globalizado de 4 X 4 en terreno reducido, donde la consigna es "pasarse el balón a un toque; tras dos botes; sólo con el pie izquierdo", etc.

e) Modelo Cooperativo.

Específicamente este punto está extractado de García y otros, (2001 y 2003), Sánchez Gómez y Pérez Samaniego (2002), Fernández Río (2003), Velázquez (2003, 2004 y 2010) Donaire y otros (2006), Baz (2006) y Contreras y García (2011).

El aprendizaje cooperativo, en resumen, es la práctica educativa en pequeños grupos heterogéneos, en los que el alumnado trabaja conjuntamente para aumentar su aprendizaje y el del resto del grupo (Velázquez, -coord.- 2010).

Es el término genérico usado para referirse a un modelo de enseñanza que parte de la división del alumnado del aula en grupos de tres a seis componentes, seleccionados intencionadamente y de forma heterogénea, donde trabajan conjuntamente de forma coordinada para resolver tareas propias del Área y profundizar en su propio aprendizaje. De este modo aprovechamos al máximo la interacción entre sus componentes, porque cada alumno se convierte en el **referente de aprendizaje** de sus compañeros y viceversa. Por ejemplo, en la creación de una coreografía sencilla, en resolver problemas motores, en establecer las reglas de un nuevo juego, en organizar una salida al medio natural, etc.

Se distingue por ser un enfoque interactivo de organización del trabajo en el aula, donde los alumnos aprenden unos de otros, así como de su maestra o maestro y del entorno. El rol del docente es el de un mediador en la generación del conocimiento y desarrollo de las habilidades sociales de alumnos y alumnas. No obstante, podemos encontrarnos con el "**efecto polizón**", es decir, un miembro del grupo menos capaz o desmotivado, deja que los demás completen sus tareas, por lo que debemos estar muy atentos para actuar según el caso (Velázquez, -coord.- 2010).

Los autores de referencia, Jonhson y Jonhson (1999), en Jiménez, Llobera y Llitjós (2006), lo han definido como "*aquella situación de aprendizaje en las que los objetivos de los participantes se hallan estrechamente vinculados, de tal manera, que cada uno de ellos sólo puede alcanzar sus objetivos si los demás consiguen alcanzar los suyos*".

Este enfoque promueve la interacción entre alumnos, entregados a un ambiente de trabajo en el que se confrontan sus distintos puntos de vista, generándose así conflictos sociocognitivos que deben ser resueltos por cada miembro asimilando perspectivas diferentes a la suya. También destacamos que este modelo lleva implícito la exigencia de exponer verbalmente los pensamientos (ideas, opiniones, movimientos, habilidades motrices, críticas, etc.), y mostrarlos a los demás potenciando el desarrollo de la capacidad de expresión verbal y corporal. Por todo ello es un modelo muy actual y ligado a la "metodología cooperativa" (Curto y otros, 2009).

Mientras esto ocurre, el docente no debe limitarse sólo a observar el trabajo de los distintos grupos, sino que debe supervisar de un modo activo el proceso de construcción y transformación del conocimiento en ellos, observando y cuidando las interacciones que se van dando entre los miembros de los distintos grupos. El rol del docente es, por lo tanto, de mediador y facilitador del desarrollo de las habilidades sociales de los alumnos y en la generación del conocimiento.

Por todo ello, los niveles de rendimiento escolar son los máximos para cada chica o chico y aprenden, además, a trabajar en equipo como un contenido más.

Además, **Internet** nos ofrece herramientas para trabajar de forma **cooperativa en red**. Algunas **plataformas** educativas muy actuales, son: Brainly; Docsity; Educanetwork; Edmodo; Eduredes; Eduskopia; Misdeberes.es; Otra Educación; RedAlumnos; The Capsuled; etc.

f) Modelo de Aprendizaje Social de Bandura.

Su autor más conocido es Bandura (1977). Hace hincapié en el rol que tiene la cognición y las condiciones ambientales sobre el aprendizaje. En resumen, indica que el aprendizaje ocurre al observar e imitar la conducta de los demás compañeros, interioriza el comportamiento que ve en el otro, es decir, aprendizaje en vicario y por interacción social. Por ejemplo, un alumno que tiene conocimientos previos sobre la protección del balón en Mini-Basket, lo muestra a los demás y éstos comprenden su estilo y lo imitan.

Existen **más modelos** de aprendizaje basados en el cognitivismo. Por ejemplo, el Aprendizaje por Descubrimiento (Bruner, 1963), Modelo de Aprendizaje por la Acción (Piaget, 1976); Modelo Ecológico, que cuestiona al procesamiento de la información (Doyle, 1977); Aprendizaje Mediado (Feuerstein, 1980), Modelo Experiencial (Graupera), etc.

3. EL PROCESO DE ENSEÑANZA Y APRENDIZAJE MOTOR.

Entendemos por **proceso**, al conjunto de fases continuas, en este caso de la enseñanza y aprendizaje motor; son una serie de situaciones que buscan una finalidad como es el aprendizaje de una habilidad, acción, etc.

Siguiendo a Gutiérrez (2004), en el proceso de aprendizaje motor hay que plantearse si es **continuo o discontinuo** y si podemos considerar **fases o no**. Los autores no se ponen de acuerdo y sólo se puede hablar de lo más generalizado pero no de una teoría admitida por todos. En este sentido destacamos a:

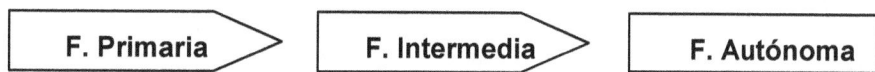

Estas tres fases reciben otras acepciones según los autores que sigamos: Kohl (1956), Meinel (1971), Fetz (1977), Schnabel (1988), Rojas (2000), etc.

- **Fase Primaria o de Cognición**.

Se trata de **entender** la tarea, conocerla y comienza por la comprensión (primero pensar y después actuar). Quien aprende construye su mapa cognitivo, su programa de acción, cualquier error en la captación y comprensión de la tarea conllevaría desaciertos a la hora de configurarse esa imagen motriz, la representación del movimiento a practicar (Castejón, 2003).

La influencia del profesorado es grande, con correcciones y explicaciones. La duración de la fase viene dada por la complejidad del aprendizaje, el número de prácticas, las aptitudes perceptivas, etc. Por ejemplo, en el bote atender a la postura, cómo se mueve la muñeca, etc.

En cuanto a su **duración**, habría que matizar el modelo de aprendizaje seguido; por ejemplo, los basados en la cognición, el tiempo de esta fase sería más amplio, habida cuenta que el alumno tiene que descubrir cómo se hace el gesto. Por ejemplo, "vamos a botar el balón con una mano, moviendo la muñeca, "acariciándolo". El primerizo comienza a hacerlo y, lógicamente, no lo controla, no estructura el tiempo y espacio que consume el bote, tiene sincinesias, etc.

- **Fase Intermedia o Asociativa**.

Ya empieza a existir cierto **refinamiento** en los movimientos, los errores van minimizándose y se concretan en los puntos complejos de la habilidad, donde hay que fijarse más. Ahora es cuando debemos **eliminar** los defectos motores aparecidos antes que se automaticen. Por ejemplo, en el bote, adecuar la altura del mismo.

La **motivación** es fundamental para evitar la dejadez y el cansancio. Podemos recurrir a comentarios de ánimo y de reconocimiento a la labor. Podemos establecer una estrategia global o analítica con más o menos intensidad, pero todo depende del tipo de aprendizaje y alumnado. Siguiendo con el ejemplo anterior, el alumno ya bota mejor, tiene más control, pero aún va muy tenso, no "independiza" la mano y brazo del resto del cuerpo.

- **Fase Autónoma o Final**.

Ahora la habilidad se realiza de forma mecánica, con mayor estructuración de los elementos que la componen. Existe una gran fijeza en su realización y el practicante tiene una menor atención consciente, pues se **automatizan** los procesos de fusión de los componentes, incluso se practica la habilidad atendiendo a otras cosas. Ya nuestro alumno referente bota coordinadamente y, al mismo tiempo, mira a los demás, a la grada..., por lo que constituye una fase de aprendizaje más independiente, veloz y con menor gasto energético por ausencia de descoordinaciones.

Aunque se tenga muy dominada esta fase **nunca se deja de aprender**, unas reacciones más rápidas sustituyen poco a poco a otras más lentas aumentando el rendimiento (Ruiz y cols. 2001).

4. MECANISMOS Y FACTORES QUE INTERVIENEN.

Sánchez- Bañuelos (1992), distingue a:

a) **Mecanismos que intervienen en el aprendizaje motor**. Se refiere a las partes sucesivas que debemos considerar durante el mismo:

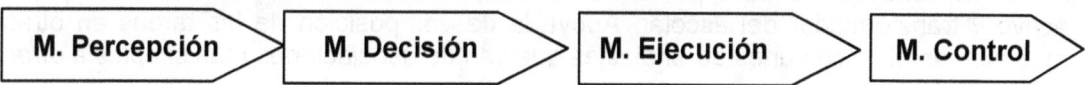

- **Mecanismo de Percepción**. Su misión es **recibir la información** que nos llega desde el exterior gracias a nuestros órganos sensoriales. Fundamentalmente utilizamos el canal visual y el auditivo, pero el kinestésico-táctil, por ejemplo la manipulación del codo en un lanzamiento, es esencial en nuestra área.

- **Mecanismo de Decisión**. Es una respuesta de carácter mental, porque ahora se trata de **elegir** una solución entre las varias posibles. Por ejemplo, pasar el balón a uno u otro compañero.

- **Mecanismo de Ejecución**. El actuante **organiza** la respuesta y **envía las órdenes musculares** oportunas, por lo que pone en marcha el "plan de acción".

- **Mecanismo de Control o Regulación**. Una vez que está realizando la tarea o, por su carácter breve, ya la ha hecho, toma **conciencia de sus errores** para, de nuevo, decidir, ejecutar y controlar otra vez. Por ejemplo, ante el fallo en el lanzamiento de un tiro libre, corregir la posición de los pies o de la muñeca.

b) **Factores que intervienen en el aprendizaje motor**. Son los elementos que condicionan a lograr un resultado. Los agrupamos en **tres apartados** si bien hay mucha interdependencia entre unos y otros:

- **Factores que dependen de la habilidad a aprender**. No es lo mismo practicar una tarea compleja, por ejemplo un salto mortal, que otra más simple, como una voltereta.

    o **En relación a la transferencia entre las habilidades a aprender**. Debemos considerar la transferencia positiva entre ellas, que lo aprendido con anterioridad sea la base de la posterior. Por ejemplo, dominar la voltereta adelante antes de hacerla con salto previo.

- **Factores que dependen de la metodología utilizada para el aprendizaje**. Nos referimos al estilo de enseñanza, técnica, estrategia, etc. que usemos. Hay unos elementos metodológicos que hacen más rápido el aprendizaje, pero menos rico. Por ejemplo, una metodología directiva hace que una habilidad se domine antes, en cambio el proceso es muy pobre y aburrido.

- **Factores que dependen de las características del alumnado**. Si bien la enseñanza la impartimos en grupo, el aprendizaje siempre es individual. De ahí que señalemos a la maduración, crecimiento, sexo, cualidades innatas, condición física, aprendizajes previos, inteligencia, estado del sistema nervioso -muy relacionado con la capacidad de atención-, contexto socio-cultural o influencia medio ambiental, disposición a aprender y motivación.

CONCLUSIONES

En la conducta humana casi todo es aprendido. En este Tema hemos estudiado el aspecto motor, si bien éste no hay que entenderlo aislado sino ligado a otros de tipo cognitivo, social, etc.

El conductismo opta por un aprendizaje mecanicista olvidándose del papel activo y transformador del escolar. Apoya la descomposición de las tareas en otras más elementales, con unos aprendizajes que van de asociaciones más simples a otras más complejas.

El cognitivismo, en cambio, subraya que el alumno debe tomar parte activa en la construcción del conocimiento, con un aprendizaje desde dentro hacia fuera, más globalizado, en un proceso más cualitativo que cuantitativo. Sus principales mecanismos son los procesos de organización y de integración de los nuevos conocimientos en los previos que posee el sujeto.

También hemos visto los diferentes modelos de aprendizaje motor, donde ha quedado claro que los que tienen implicación cognitiva están más acorde con las actuales corrientes educativas más progresistas.

En el proceso de enseñanza-aprendizaje motor hemos observado las tres fases, destacando la primaria porque es donde más significativamente el alumnado ejercita sus aspectos cognitivos.

Por último, hemos contemplado los mecanismos y factores que influyen y que la no observación de alguno incide negativamente en el proceso.

BIBLIOGRAFÍA

- AUSUBEL, D. P. (1976). 1ª Ed. *Psicología educativa. Un punto de vista cognoscitivo*. Trillas. México.
- AUSUBEL, D.; NOVAK, J. y HANESIAN, H. (1983). 2ª Ed. *Psicología Educativa*. Trillas. México.
- BALLESTEROS, S. (1996). *Procesos psicológicos básicos*. Universitas S. A. Madrid.
- BATALLA, A. (2005). *Retroalimentación y aprendizaje motor: influencia de las acciones realizadas de forma previa a la recepción del conocimiento de los resultados en el aprendizaje y la retención de habilidades motrices*. Tesis doctoral. U. de Barcelona.
- BAZ, C. (2006). *El aprendizaje cooperativo*. Revista Andalucía Educativa. Nº 57, pp. 27-30. C. E. de la Junta de Andalucía. Sevilla.
- CAÑIZARES, J. Mª y CARBONERO, C. (2009). *Currículum de Educación Física en Primaria. Aclaraciones terminológicas*. Wanceulen. Sevilla.
- CASTEJÓN, F. -coor.- (2003). *Iniciación deportiva. La enseñanza y el aprendizaje comprensivo en el deporte*. Wanceulen. Sevilla.
- CONTRERAS, O. R. y GARCÍA, L. M. (2011). *Didáctica de la Educación Física. Enseñanza de los contenidos desde el constructivismo*. Síntesis. Madrid.
- COLL, C. (1989). *Conocimiento psicológico y práctica educativa*. Barcanova. Barcelona.
- CURTO, C. y otros. (2009). *Experiencias con éxito de aprendizaje cooperativo en Educación Física*. INDE. Barcelona.
- DÍAZ, J. (2005). *La evaluación formativa como instrumento de aprendizaje en Educación Física*. INDE. Barcelona.
- DONAIRE, I. Mª (2006). *Aprendizaje cooperativo en el aula*. Revista Andalucía educativa. C. E. C. J. de Andalucía. Nº 55, pp. 43-45. Sevilla.

- FERNÁNDEZ GARCÍA, E. -coord.- (2002). *Didáctica de la Educación Física en la Educación Primaria*. Síntesis. Madrid.
- FERNÁNDEZ RÍO, J. (2003). *El aprendizaje cooperativo en el aula de Educación Física. Análisis comparativo con otros sistemas de enseñanza y aprendizaje*. Cederrón, La Peonza Publicaciones. Valladolid.
- GALERA, A. D. (2001). *Manual de didáctica de la educación física. Una perspectiva constructivista moderada*. Vol. I y II. Paidós. Barcelona.
- GALLARDO, P. y CAMACHO, J. M. (2008). *Teorías del aprendizaje y práctica docente*. Wanceulen Educación. Sevilla.
- GARCÍA, R.; TRAVER, J. A. y CANDELA, I. (2001). *Aprendizaje cooperativo. Fundamentos, características y técnicas*. CCS-ICCE. Madrid.
- GARCÍA, R.; TRAVER, J. A. y CANDELA, I. (2003). *El aprendizaje cooperativo en Educación Física*. En Actas del III Congreso Estatal y I Iberoamericano de actividades físicas cooperativas. La Peonza Publicaciones. Valladolid.
- GIL, P. A. (2007). *Metodología didáctica de las actividades físicas y deportivas*. Wanceulen. Sevilla.
- GUILLÉN, E. I.; CARRIÓ, J. C. y FERNÁNDEZ, M. A. (2002). *Sistema nervioso y actividad física*. En GUILLÉN, M. y LINARES, D. (coords.). *Bases biológicas y fisiológicas del movimiento humano*. Médica Panamericana. Madrid.
- GUTIÉRREZ, M. (2004). *Aprendizaje y desarrollo motor*. Fondo Editorial Fundación San Pablo Andalucía (CEU). Sevilla.
- JIMÉNEZ, G.; LLOBERA, R. y LLITJÓS, A. (2006). *La atención a la diversidad en las prácticas de laboratorio de química: los niveles de abertura*. Enseñanza de las Ciencias, 24 (1), pp.59-70. Universidad de Barcelona.
- JONHSON, D.W. y JOHNSON, R.T. (1999). *Aprender juntos y solos. Aprendizaje cooperativo, competitivo e individualista*. Aique. Buenos Aires.
- JUNTA DE ANDALUCÍA (2007). Ley 17/2007, de 10 de diciembre, de Educación de Andalucía (L. E. A.). B. O. J. A. nº 252, de 26/12/07.
- JUNTA DE ANDALUCÍA (2015). *Orden de 17 de marzo de 2015, por la que se desarrolla el currículo correspondiente a la educación Primaria en Andalucía*. BOJA nº 60 de 27/03/2015.
- JUNTA DE ANDALUCÍA (2015). *Decreto 97/2015, de 3 de marzo, por el que se establece la ordenación y el currículo de la educación Primaria en la comunidad Autónoma de Andalucía*. BOJA nº 50 de 13/03/2015.
- JUNTA DE ANDALUCÍA (2010). *Decreto 328/2010, de 13 de julio, por el que se aprueba el Reglamento Orgánico de las escuelas infantiles de segundo grado, de los colegios de educación primaria, de los colegios de educación infantil y primaria, y de los centros públicos específicos de educación especial*. BOJA nº 139, de 16/07/2010.
- KEELE, S. (1982). *Learning and control of coordinated motor patterns*. En *Human motor behaviour. An introduction Psychology*. London.
- LAWTHER, J. (1983). *Aprendizaje de las habilidades motrices*. Paidós. Barcelona.
- MAGILL, R.A. (1988). *Motor Learning: concepts and applications*. Dubuque. Iowa, U.S.A.
- M.E.C. (2013). *Ley Orgánica 8/2013, de 9 de diciembre, para la mejora de la calidad educativa*. BOE Nº 295, de 10/12/2013.
- M.E.C. (2014). *R. D. 126/2014, de 28 de febrero, por el que se establece el currículo básico de la Educación Primaria*. B.O.E. nº 52, de 01/03/2014.
- M. E. C. (2006). *Ley Orgánica 2/2006, de 3 de mayo, de Educación (L. O. E.)*. B. O. E. nº 106, de 04/05/2006, **modificada** en algunos artículos por la LOMCE/2013.
- M.E.C. (2015). *Orden ECD/65/2015, de 21 de enero, por la que se describen las relaciones entre las competencias, los contenidos y los criterios de*

evaluación de la educación primaria, la educación secundaria obligatoria y el bachillerato. B.O.E. nº 25, de 29/01/2015.
- MONTERO, A. (1997). *Educación Secundaria. Apuntes para una nueva etapa educativa.* C.E.C.J.A.-C.E.P. Sevilla.
- NAVARRO, V. (2007). *Tendencias actuales de la Educación Física en España. Razones para un cambio.* (1ª y 2ª parte). Revista electrónica INDEREF. Editorial INDE. Barcelona. http://www.inderef.com
- OÑA, A. -coor.-. (1999). *Control y aprendizaje motor.* Síntesis. Madrid.
- OÑA, A. (2005). *Actividad física y desarrollo: ejercicio físico desde el nacimiento.* Wanceulen. Sevilla.
- PAREDES, J. (2003). *Juego, luego existo.* Wanceulen. Sevilla.
- PARLEBAS, P. (2002). *Juegos, Deporte y Sociedad: Léxico de Praxiología Motriz.* Paidotribo. Barcelona.
- PIAGET, J. (1976). *Problemas de psicología genética.* Ariel. Barcelona.
- RIERA, J. (1989). *Fundamentos del aprendizaje de la técnica y táctica deportivas.* INDE. Barcelona.
- RIERA, J. (2005). *Habilidades en el deporte.* INDE. Barcelona.
- RIGAL, R. (2006). *Educación motriz y educación psicomotriz en Preescolar y Primaria.* INDE. Barcelona.
- RIVADENEYRA M. L. -coor- (2003). *Desarrollo de la motricidad.* Wanceulen. Sevilla.
- RIVADENEYRA, M. L. y SICILIA, A. (2004). *La percepción espacio-tiempo y la iniciación a los deportes de equipo en Primaria.* INDE. Barcelona.
- ROJAS, F. J. (2000). *Aprendizaje y desarrollo motor en la Educación Primaria.* En ORTIZ, M. M. (coord.) *Comunicación y lenguaje corporal.* Proyecto Sur de Ediciones, S. L. Granada.
- RUIZ PÉREZ, L. M. (1994). *Deporte y aprendizaje.* Visor. Madrid.
- RUIZ PÉREZ, L. M.; GUTIÉRREZ, M.; GRAUPERA, J. L.; LINAZA, J. L.; NAVARRO, F. (2001). *Desarrollo, comportamiento motor y deporte.* Síntesis. Barcelona.
- SÁENZ-LÓPEZ BUÑUEL, P. (2002). *Educación Física y su Didáctica.* Wanceulen. Sevilla.
- SAGE, G. H. (1984). *Motor learning and control.* W. C. Brown Publisher. Dubuque, Iowa, U.S.A.
- SÁNCHEZ GÓMEZ, R. y PÉREZ SAMANIEGO, V. (2002). *El aprendizaje a través de los juegos cooperativos.* En MORENO, J. A. *El aprendizaje a través del juego.* Aljibe. Málaga.
- SÁNCHEZ-BAÑUELOS, F. (1992). *Bases para una Didáctica de la Educación Física y los Deportes.* Gymnos. Madrid.
- SEIRUL.LO, F. (2001). *Apuntes del curso de preparación física integrada.* I.A.D. Málaga.
- SIMONET, P. (1985). *Aprentissage moteur. Processuset procédés d'acquisition.* Vigot. Paris.
- SINGER, R. N. (1986). *El aprendizaje de las acciones motrices en el deporte.* Hispanoeuropea. Barcelona.
- SKINNER, B. F. (1960). *The use of teaching machines in collage instruction.* En LUMSDAINE, A. A. y GLASER, R. Teaching machines and programmed learning. Department of Audio-Visual Instruction. National Education Association. Washington. U. S. A.
- SKINNER, B. F. (1982). *Tecnología de la enseñanza.* Labor. Barcelona.
- TAMARIT, A. (2016). *Desarrollo cognitivo y motor.* Síntesis. Madrid.
- VELÁZQUEZ, C. (2003). *El aprendizaje cooperativo en Educación Física.* En Actas del III Congreso Estatal y I Iberoamericano de actividades físicas cooperativas. La Peonza Publicaciones. Valladolid.

- VELÁZQUEZ, C. (2004). *Las actividades físicas cooperativas.* Secretaría de Educación Pública. México.
- VELÁZQUEZ, C. -coord.- (2010). *Aprendizaje cooperativo en Educación Física.* INDE. Barcelona.
- ZAGALAZ, Mª L.; CACHÓN, J.; LARA, A. (2014). *Fundamentos de la programación de Educación Física en Primaria.* Síntesis. Madrid.

WEBGRAFÍA (Consulta en octubre de 2015).
http://recursos.cnice.mec.es/edfisica/
http://www.agrega2.es
http://www.adideandalucia.es
http://www.ite.educacion.es/es/recursos
www.juntadeandalucia.es/educacion/descargasrecursos/curriculo-primaria/index.html

www.ingramcontent.com/pod-product-compliance
Lightning Source LLC
Chambersburg PA
CBHW080457170426
43196CB00016B/2847